Stecher · Mein kleines Engelbuch

CHRISTINE STECHER

Mein kleines Engelbuch

Mosaik

Mit Dank für
Elfi Walther-Weißmann
und Edwin Courtenay

Lektorat: Gerlinde Wiesner
Bildredaktion: Elisabeth Franz
Buchgestaltung: Noëlle Thieux, Magic Design
Umschlaggestaltung: Design Team München
Umschlagbild: Artothek/Stephan Lochner:
Maria mit dem Jesuskind vor der Rasenbank,
Alte Pinakothek München (WAF)
Druck und Bindung: Clausen & Bosse, Leck
Printed in Germany
ISBN 3-576-11150-6

Inhalt

Die Stunde der Engel 7

•

Behütet vom Schutzengel 21

•

Die Erzengel – Hüter der Elemente 41

Michael – Durchs Feuer gehen 52

Gabriel – Mit Gefühl und ganz viel Liebe 68

Raphael – Das große Netz der Verbundenheit 82

Uriel – Lebensfreude pur 96

•

Engelsegen 113

•

Bote des Lichts – eine Meditation 124

•

Literatur 127

Salve Mater

Die Stunde der Engel

Engel umsorgen uns Menschen zu jeder Zeit und an jedem Ort. Sie sind immer da, wenn wir sie rufen. Zeit und Raum haben keine Bedeutung in den Welten, wo die Engel zu Hause sind. Genausowenig wie Haß, Feindschaft, Gleichgültigkeit und Verleugnung.

Auf die Engel ist stets Verlaß. Ohne sie wäre auf der Erde kein Wachstum möglich, denn sie sind die Übermittler von Lebenskraft und göttlichen Entwicklungsimpulsen. Jedes Lebewesen entfaltet sich unter der Obhut der Engel. Sie lenken feine Energieströme, gute Gedanken und liebevolle Gefühle zu allem, was geboren wird und dem Licht entgegen nach Selbstverwirklichung strebt.

Die Engel folgen einem höchsten Plan. Wir können sie als Boten der harmonischen Lebensordnung, die alle Welten durchzieht, begreifen. Engel sind die Kräfte der Heilung und Ermutigung, damit sich die Schöpfung entfalten kann.

Im großen wie im kleinen dienen die Engel dem Leben. Sie sind die unsichtbaren Helfer, die unentwegt und unermüdlich Halt geben und den Weg weisen. Sie behüten ihre Schützlinge vor Gefahren und stehen ihnen in Notlagen zur Seite. Sie können nicht anders, als sich geduldig, mitfühlend und liebevoll um alles, was lebendig ist, zu kümmern. Die Engel sehen in jedem Lebewesen das göttliche Feuer und kreative Seelenpotential.

Sie kommen zu uns
in derselben Art,
wie der Engel zu Maria kam
und sagte: Du bist voller
Gnaden.

Paracelsus

Engel strahlen Liebe aus

Die Macht und Stärke der Engel beruht auf der kompromißlosen Hingabe an ihre Mission: aus Liebe dienen.
Die sanften und aufgrund ihrer Reinheit und ihres klaren Lichts gleichzeitig so majestätischen und ehrfurchtgebietenden Engel wissen um das große Netz, in dem alles Leben miteinander verwoben ist. Sie leben in der Einheit allen Seins. Das Trennende überwinden die Engel durch den Liebesstrom, der durch sie hindurch in die Welt fließt. Jedoch können sie auch dabei helfen, Altes zum Einsturz zu bringen und dem Neuen Platz zu schaffen, damit sich die Spirale der Entwicklung weiterdrehen kann.
Leben ist Bewegung, und die Engel wachen darüber, daß kein Stillstand eintritt. Sie sind der Herzschlag Gottes. Auf leise Art sind sie präsent, damit sich auf allen nur denkbaren kreativen Wegen Lebensfreude ausdrücken kann.

Engel sind unsere Vorbilder in Sachen Freude.

Terry L. Taylor

Ein Engelshauch

Das Gewahrwerden eines Engels – das ist ein Moment der Stille, wenn tief im Inneren etwas Wahres und Heiliges angerührt wird, oder ein Farblicht, aus dem Augenwinkel geschaut, oder der Duft von Rosen und Jasmin, der Geschmack von Vanille oder das Gefühl, daß hinter der eigenen Schulter ein schützender Begleiter steht.

Für uns Menschen ist die Stunde der Engel der Moment, in dem wir zur Ruhe kommen und uns auf die Stimme der Intuition besinnen. Wenn wir still werden, auf ferne, zarte Töne lauschen, den Blick nach innen wenden, in uns hineinspüren.

Die Engel fühlen wir in unserer Nähe, sobald wir morgens langsam erwachen. Zwischen Traum und Tag sind wir empfänglich für ihre Gegenwart. Abends werden wir von ihnen in den Schlaf gewiegt, und wir fühlen sie bei uns, wenn sich unser Tagesbewußtsein auflöst und wir in unser Traumleben hineingleiten.
Schauen oder spüren wir tiefer, dann erleben wir, daß uns die Engel jederzeit überallhin begleiten: beim Einkaufen in der Stadt, bei der Arbeit, bei Festen, bei Ausflügen in die Natur, in den Ferien.
In allen Lebenssituationen und an allen Orten treffen wir auf Engelwesen, die ihren Aufgaben nachgehen und mit denen wir in Kontakt treten können.

Die Wachsamkeit der Engel

Die Engel sind überall. Bei Problemen und Fragen dürfen wir sie herbeirufen. Sie werden helfend, jedoch nie belehrend eingreifen, denn sie respektieren den freien Willen des Menschen. Sie wissen, daß es der besondere Weg des Menschen ist, auf der Erde Gutes wie Böses zu durchleben und dabei Erfahrungen zu sammeln, um reifer zu werden.

*Die Engel vermögen
jedoch von ihrem
bevorzugten Platz aus
und durch ihre Verbindung mit
unserem Bewußtsein
zu sehen, was wir wirklich
sind; sie können die vor uns
liegenden Schritte schauen
und uns weiterhelfen,
eine Verbindung mit unserem
göttlichen Ursprung und Ziel
herzustellen.*

Dorothy Maclean

Die Menschen mehren das Licht des Universums, wenn sie sich gerade auch in kritischen, für sie schwierigen Situationen für die Liebe entscheiden. Diese Freiheit der Wahl – zwischen einem Öffnen des Herzens einerseits und einem Sichverschließen aufgrund von Haß oder Furcht andererseits – werden die Engel stets respektieren. Doch sie setzen alles daran, die Menschen dazu zu bewegen, früher oder später auch größte Ängste und Vorurteile zu überwinden und den Weg des Herzens zu gehen.
Engel wiederum mehren und feiern das Licht, indem sie dafür sorgen, daß es im ganzen Universum ungehindert pulsiert. Ihre Wahl haben sie längst getroffen. Sie haben keinen Körper und unterliegen deshalb nicht mehr der Dualität von Gut und Böse. Auf ihrer Ebene ist das Trennende durchschaut und die Liebe eine Gewißheit – und keine Sache, für die ein Engel sich ausdrücklich entscheiden müßte. Engel können durch ihr höheres Bewußtsein gar nicht anders, als helfend und schützend für die ihnen anvertrauten Wesen dazusein.

Engelscharen

Neben dem Schutzengel, der jeden Menschen ein Leben lang begleitet, gibt es die Engel der Tiere und Pflanzen, des Mineralreiches oder von Landschaften und Städten. Für jedes Lebewesen und für jede Lebenssituation stehen Engel bereit, um Energieströme bestmöglich zu lenken, Entwicklung voranzutreiben und vitale Kräfte harmonisch auszugleichen.

Hinter den Kulissen der grobstofflichen, sichtbaren Welt sind verschiedenste Engelscharen unermüdlich damit beschäftigt, die zahllosen ätherischen Muster auszulegen und zu reparieren, auf denen sich Lichtenergie zu Materie wandelt. Licht nimmt Gestalt an, und die Engel sind die Hüter dieser schöpferischen Prozesse.

Die Engel beschützen und begleiten alle Phasen und Formen von Leben, Sterben und Wiedergeborenwerden. Dabei feiern sie unaufhörlich die göttliche Schöpferkraft. Sie preisen diese gewaltige Manifestation des Geistes. Ihr Singen begleitet die ausströmenden Lebensenergien und regt sie dazu an, zu pulsieren, sich zu verdichten und schließlich sichtbar zu werden. Wie die Vögel durch ihren Gesang den Pflanzen Wachstumskraft vermitteln, so wirken auf höheren Stufen der Erscheinungswelt die Engel aufbauend, inspirierend und ermutigend.

Alles hat seine Engel:
Zeiten und Jahre,
Flüsse und Meere,
Früchte und Gras,
Schnee und Wolken,
die Sterne!

Zweites Buch Henoch

Die Engel an meiner Seite – eine Meditation

Halten Sie einmal inne, und setzen Sie sich bequem hin. Wählen Sie dazu einen ruhigen Platz zu Hause oder draußen in der freien Natur.

Atmen Sie entspannt in gleichmäßigen Zügen, und konzentrieren Sie sich dabei auf Ihr Herz. Sie können dies mit geschlossenen oder geöffneten Augen tun.

Nach und nach werden Sie bemerken, daß Sie sich zentrierter und gelassener fühlen. Wenn Sie soweit sind, dann stellen Sie sich vor, daß sich Ihr Herz weitet und wie ein Tor öffnet. Sie spüren oder sehen, wie Ihr Herz aufgeht und damit eine Einladung hinausgeschickt wird. Die freundliche Herzenergie, die Sie nun ausstrahlen, ist ein Gruß an die Engel.
In Ihrer Vorstellung lächeln Sie den Engeln an Ihrer Seite zu, und Sie laden die Engel dazu ein, Ihnen noch näher zu kommen. Sie bitten darum, ihre Anwesenheit stärker zu spüren.

Für einige Minuten bleiben Sie so sitzen und halten über Ihr Herz Zwiesprache mit den Engeln. Oder Sie genießen nur still diesen besonderen Kontakt.
Zum Abschluß danken Sie innerlich den Engeln für ihre Anwesenheit. Danach hüllen Sie sich in Ihrer Vorstellung in weißes Licht ein, das Sie wie eine zweite Haut schützt.

Ein erster und wichtiger Schritt, um Engelkräfte bewußt für sich wirken zu lassen, besteht darin, jeden Tag an die Engel zu denken und ihnen dafür zu danken, daß sie ohne Unterlaß für Sie und andere da sind. Sie stärken durch Ihre Hinwendung an die Engel das Band, das Engel und Menschen verbindet.

Behütet vom
Schutzengel

Sobald eine Seele bereit ist, in einen Körper zu schlüpfen und sich auf der Erde zu inkarnieren, tritt ein Schutzengel an ihre Seite. Ein Engel begleitet jeden Menschen auf der Reise ins physische Leben. Er wacht über die Entwicklung im Mutterleib und hilft dem Baby, das Licht der Welt zu erblicken.

Kleine Kinder nehmen ihren Engel meist sehr deutlich wahr. Sie sehen ihn, und sie sprechen mit ihm – zuerst nur durch den Austausch von Gedanken, ganz ohne Worte. Sie kennen natürlich den Namen ihres Engels.

Denn er befiehlt
seinen Engeln,
dich zu behüten auf all
deinen Wegen.

Psalm 91,11

Der Engel erzählt dem Kind von der Welt und bespricht mit ihm alle Pläne. Und er heitert es mit seinem Humor auf. Er tröstet es, wenn es sich allein oder unverstanden fühlt.

Auch in der Kindergarten- und ersten Schulzeit ist der Engel für manche Menschen oft noch so präsent wie ein guter Freund. Doch dann kommen andere Vorstellungen ins Leben, und das Spiel mit dem Engel erscheint plötzlich nicht mehr wichtig und passend. Schade, daß die Älteren ihren Engel vergessen haben, sich innerlich von ihm entfernen und den Jüngeren kein Vorbild sein können, mit dem Engel bewußt Kontakt zu halten und seine weisen Ratschläge dankbar anzunehmen.

Schutzengel-Gebet

Mein Schutzengel,
bitte steh mir zur Seite,
und vertreib meine Angst.

Laß Schmerzen und
Kummer vergehen.

Mein Schutzengel,
bitte schenk mir dein Licht,
und füll mich mit Liebe.

Aus meinem Herzen fließt
mein Dank zu dir.

Mein Schutzengel – eine Meditation

Sie haben schon lange nicht mehr an Ihren Schutzengel gedacht. Doch war er Ihnen einst so nahe. „Wie konnte ich ihn nur vergessen?“ werden Sie sich fragen, wenn er jetzt wieder in Ihr Bewußtsein tritt.
Erinnern Sie sich an die Zeit, als Sie noch ganz selbstverständlich mit Ihrem Schutzengel gesprochen haben.

Suchen Sie sich zu Hause ein stilles Plätzchen, wo Sie für eine Weile ungestört sind. Entspannen Sie sich. Atmen Sie ruhig ein und aus, und konzentrieren Sie sich auf Ihr Drittes Auge, den Punkt auf der Stirn zwischen den Augenbrauen.
Gehen Sie nun in Gedanken in Ihre Kinderzeit zurück, und fragen Sie sich innerlich nach einer Begegnung mit Ihrem Schutzengel, die Sie einst erlebt haben. Wie war es damals als Kind, als der Schutzengel ganz nahe schien? Was haben Sie

gefühlt? Wie hat der Engel sich bemerkbar gemacht? Was haben Sie getan, um zu ihm zu sprechen?
Lassen Sie sich Zeit, um in die kindliche Welt zurückzukehren.
Vielleicht werden Sie „nur“ ganz allgemeine Impressionen erhalten. Vielleicht erkennen Sie jedoch auch ganz plötzlich, daß es der Schutzengel war, der neben Ihrem Bettchen wachte. Der Sie vor einem Unfall oder einer Riesendummheit gerettet hat, indem er selbst eingriff oder Ihre Mutter alarmierte.
Es kann auch möglich sein, daß Sie sich eines Geistführers erinnern, der Sie damals begleitet hat. Das konnte die verstorbene Großmutter sein oder ein Indianer oder ein kluges Wesen in Gestalt eines Spielkameraden. Oder Sie waren von Kobolden und Feen umgeben, die mit Ihnen spielten.
Sie werden sich unter Umständen wieder der vielen Wesenheiten aus der geistigen Welt bewußt, die uns jederzeit umgeben und mit denen wir in Austausch stehen, nicht nur als Kinder.

Beenden Sie diese Meditation, indem Sie Ihrem Schutzengel danken und das Kind, das Sie einmal waren, in der Vorstellung umarmen und in Ihr Herz schließen.

Diese Meditation sollten Sie am besten mehrmals wiederholen. Sie können sie beispielsweise eine Woche lang täglich üben, um sich wieder auf Ihren Schutzengel zu besinnen und erneut einen intensiven Kontakt zu ihm aufzubauen.

Wenn Ihnen der Schutzengel wieder vertraut ist, werden Sie sich möglicherweise auch an seinen Namen erinnern.

Fragen Sie am Schluß einer der Meditationen danach. Bitten Sie darum, daß Sie den Namen erfahren, wenn diese Information für Sie wichtig ist. Vielleicht „hören“ oder „sehen“ Sie den Namen, vielleicht wissen Sie ihn einfach wieder. Oder er begegnet Ihnen auf überraschende Weise im Alltag – indem Sie die Zeitung aufschlagen und Sie ein Bild oder Wort mit dem Engel assoziieren, indem Sie Musik hören oder etwas Symbolisches geschieht, das Sie intuitiv zu deuten wissen.
Es mag auch sein, daß nicht der Name, sondern ein bestimmtes Erkennungszeichen für Sie von Bedeutung ist: ein Lufthauch, ein Kribbeln im Körper, das Gefühl von Wärme und Frieden, das sich in Ihnen ausbreitet, oder die Empfindung, daß hinter Ihnen etwas steht, das schützende Flügel über Sie hält.

Mit dem Schutzengel sprechen

Obwohl Erwachsene ihren Schutzengel vollkommen vergessen oder so verdrängt haben, daß sie nicht mehr bewußt mit ihm in Verbindung treten, ist er stets bei ihnen geblieben. Seine Aufgabe ist es, einen Menschen zu begleiten, solange er lebt.

Der Engel hilft uns beim physischen Überleben und schickt uns Inspirationen, um die richtigen Entscheidungen zu treffen, die uns in diesem Leben auch geistig weiterbringen. Der Engel flüstert uns etwas ein, und wir haben die Wahl, darauf zu hören – oder nicht.

Der Engel steht auf der Seite des Lichts. Das heißt, daß er uns mit unserer Seele, die aus dem Licht kommt, enger verbinden will. Wenn wir im Einklang mit unseren Seelenzielen leben, fließen uns Kraft, Erkenntnis und Heilung zu. Der Engel wirkt Wunder, wenn er einen machtvollen Stoß unserer Seelenkraft in eine Alltagssituation lenken darf. Wir selbst wirken Wunder, wenn wir der Seelenkraft Raum geben und sie vertrauensvoll mit Hilfe des Engels nach außen strahlen lassen.

*Wenn Ihr Bewußtsein auf
die höhere Schwingung der
Engel eingestimmt ist,
werden Sie geliebt, und Sie
sind kreativ, fruchtbar, energie-
geladen, entscheidungsfreudig,
weise, intuitiv, verständnisvoll,
freudvoll, siegreich,
harmonisch, scharfsichtig,
vertrauensvoll, stark, geduldig,
beschützt, mutig, einfallsreich,
erleuchtet, ganz, erfolgreich,
verankert in der Wahrheit
und wunderbar frei –
so wie Sie geschaffen wurden.*

John Randolph Price

Tausend Gründe, den Schutzengel um Hilfe zu bitten

Ihr Schutzengel tritt nicht nur in Aktion, wenn Gefahr im Verzug ist. Er unterstützt Sie auch in scheinbar bedeutungslosen, ganz harmlosen Situationen. Ihr Schutzengel erinnert Sie daran, jetzt Ihr Licht auszustrahlen und ganz im Einklang mit sich selbst zu sein, was immer Sie auch tun.
Verbinden Sie sich mit Ihrem Engel, wenn Sie zum Beispiel

- morgens die Augen aufschlagen
- die Haustür hinter sich zumachen
- zu einer Reise aufbrechen
- einen Brief schreiben
- jemandem etwas erklären wollen
- eine Arbeit erledigen
- spazierengehen
- in einer Menschenmenge stecken
- eine neue Wohnung suchen
- mit Ihrem Chef sprechen
- eine Erkältung in den Knochen spüren
- ein Fest vorbereiten
- sich mit jemandem versöhnen wollen

- sich medizinisch behandeln lassen
- einen Besuch machen
- den Computer einschalten
- den Telefonhörer abnehmen
- abends schlafen gehen

In jeder noch so alltäglichen Situation wird Ihr Schutzengel darüber wachen, daß Sie Ihr Seelenlicht mehr und mehr zeigen und so Ihr Seelenpotential wirklich einlösen. Bitten Sie den Engel, nahe bei Ihnen zu sein. Öffnen Sie sich für die Hilfe des Engels, und nehmen Sie sie dankbar an.

Alle wichtigen Ereignisse im Leben eines Menschen werden durch Engelwesen überwacht.

White Eagle

Den Schutzengel ehren

Am 2. Oktober wird in der katholischen Kirche das Schutzengelfest gefeiert. Dieser Tag soll daran erinnern, daß die Menschen unter der Obhut von himmlischen Sendboten stehen.
Wenn Sie sich wieder auf die Engelwelten eingestimmt haben, werden Sie jedoch täglich an Ihren Schutzengel denken. Sie werden sich seiner Anwesenheit versichern, ihn um etwas bitten und ihm danken. Sie können diesen inneren Kontakt stärken, wenn Sie sich zu Hause oder an Ihrem Arbeitsplatz mit Gegenständen umgeben, die Sie an Ihren Schutzengel oder allgemein an die Welt der Engel erinnern: eine Kunstpostkarte mit einem Engelmotiv, ein selbstgemaltes Bild mit Ihrer Vision des Engels, eine zarte weiße oder regenbogenfarbene Feder, Kristalle, eine Blüte oder ein Seidenschal in leuchtenden Farben.
Sie können in Ihrem Schlafzimmer eine Ecke im Regal oder auf dem Fensterbrett Ihrem Engel widmen und dort Kerzen, Duftlampe, Kristalle oder Engelbilder aufstellen. Das ist auch der Ort, wo Sie Briefe an Ihren Engel deponieren können – kleine Zettel mit einem Wunsch, einem Hilferuf oder einem

Gebet. Denn manchmal kann es für Sie wichtig sein, nicht nur innerlich mit dem Engel zu sprechen, sondern auch konkret aufzuschreiben, was Sie auf dem Herzen haben. Auf diese Weise sind Sie gezwungen, Ihr Anliegen deutlich in Worte zu fassen. Sie senden dann eine klarere Energie ins Universum aus, auf die unmittelbarer geantwortet werden kann.
Wenn Sie einen kleinen Engelaltar schmücken, ehren Sie Ihren Schutzengel und damit Ihre enge Verbindung zur geistigen Welt. Die Atmosphäre in Ihren vier Wänden erhält eine leichtere, hellere Schwingung, wenn Sie die heiteren Engel einladen, sich bei Ihnen häuslich niederzulassen.

Kreis der Kreise,
ihr Engel im Flug,
kommt zu mir,
und bringt euer Licht.

Steven Maxwell

Sie bekommen stets das, was Sie herbeirufen!

Ihr Schutzengel versorgt Sie mit allem, um das Sie aufrichtig bitten. Doch wissen Sie auch, was wirklich auf Ihrem innersten Wunschzettel steht?

Schreiben Sie Ihre Herzenswünsche auf – und notieren Sie dahinter Ihre Zweifel, warum der Wunsch vielleicht doch nicht in Erfüllung gehen kann. Glauben Sie womöglich insgeheim, daß Sie nie das bekommen, was Sie ersehnen?

Bitten Sie Ihren Schutzengel, Ihnen zu helfen, alle negativen Vorstellungen, die der Manifestation des Gewünschten entgegenstehen, aufzulösen. Bitten Sie ihn, Ihren Geist zu klären und auf das machtvolle Licht der Seele auszurichten.

Den Schutzengel ehren, das heißt auch, sich täglich Zeit zu nehmen, nach innen zu lauschen, sich vertrauensvoll zu öffnen und Dinge anzunehmen. Wenn ein Mensch nur hektisch und laut nach außen lebt, können die klugen Inspirationen, die der Schutzengel übermittelt, schlecht durchdringen.
In der Stille öffnet sich die Tür zu den geistigen Welten, aus denen dem Menschen wie aus einem wunderbaren Füllhorn Freude, Liebe, Glück, Erfolg und innerer wie äußerer Reichtum zufließen.

Die Erzengel

Hüter der Elemente

Universen aus Licht

Unserer sichtbaren Welt liegt ein göttlicher Bauplan zugrunde. Er gibt eine Struktur von Lichtgittern oder Lichtnetzen vor, an der sich langsamer schwingende Materie manifestiert. Die Engel bewirken, daß sich diese Lichtstrukturen entfalten und verzweigen können. Über feinstoffliche Kanäle versorgen sie alle Lebewesen mit Licht, das heißt Lebensenergie, die aus der zentralen göttlichen Quelle stammt.

Der Existenz eines jeden Lebewesens und Gegenstands auf der Erde geht ein Strahl geistigen Lichts voraus – eine schöpferische Idee oder Gedankenform, die schließlich stofflich, zu Materie wird.

So existiert beispielsweise zuerst das ätherische Muster eines Blattes, und die Pflanze wird daraufhin ein grünes Blatt entwickeln, das genau dieser energetischen Vorgabe entspricht. Mit Hilfe der Kirlian-Photographie kann man diese Prozesse heute für das menschliche Auge sichtbar machen.

Auch das physische Wachstum des Menschen verläuft auf diese Weise. Ein ätherisches Feld geht der Ausbildung von Gliedmaßen oder Organen voraus.

Außerdem machen wir Menschen die Erfahrung,

Engel verwalten und lehren die gute Ordnung der Welt und den Gang der Sterne und der Sonne und des Mondes.

Zweites Buch Henoch

daß jeder Aktion stets ein geistiger Impuls vorangestellt sein muß – bewußt oder unbewußt – und daß die Energie dem Gedanken folgt.

Die Elemente

Die physischen Manifestationen des höchsten geistigen Lichts auf der Erde sind vielgestaltig und stehen in einem harmonischen Wechselspiel. Die Hüter dieses Gleichgewichts der schöpferischen Kräfte und Naturgewalten sind die Erzengel. Biblische und andere Schriften sprechen von sieben Erzengeln. Die bekanntesten sind Michael, Gabriel, Raphael und Uriel. Sie alle stehen unter der Führung des hohen Engelwesens Metatron.

Die Erzengel regieren unter anderem über die vier Elemente Feuer, Wasser, Luft und Erde. Von alters her versteht man die Elemente als Bausteine des Universums, und ihr Zusammenwirken symbolisiert die kosmische Ordnung.

Die Erzengel behüten unseren Planeten. Sie überwachen die Verbindung der Erde zur zentralen Sonne und lenken deren Licht in die Kanäle des Wachstums. Dort stehen weitere, der Erde nähere Engelscharen und die von Engeln geistig hervorgebrachten und geführten Naturgeister bereit, um das Licht bis in die kleinste Zelle, das zarteste Gewebe zu befördern. Denn nur dort, wo das Licht pulsiert, sind Leben und physisches wie geistiges Wachstum und jedwede Entwicklung möglich.

Naturgeister – die Helfer der Engel

Engel schweben körperlos in geistigen Sphären. In der langsameren Frequenz der stofflichen Welt treten sie – bis auf einzelne Ausnahmen – nicht in Erscheinung. Engel sind nur mit dem inneren Auge zu erschauen.
An unsere grobstoffliche Welt materieller Formen grenzt die Astralwelt, die von sensitiven, hellsichtigen Menschen wahrgenommen werden kann. Dort sind die Naturgeister zu Hause, feinstoffliche Wesen, die sich dem menschlichen Auge durchaus zeigen. Doch meist sind sie zu scheu. Sie fürchten Lärm, Verschmutzung und Hektik und ziehen sich schnell zurück, wenn die Zivilisation sie bedrängt.

Die Naturgeister sind hier auf Erden die fleißigen Hände der Engel, hervorgebracht durch die geistige Kraft von Engelwesen.
Die Engel der Manifestation, die den Erzengeln unterstehen, leiten wiederum die Naturwesen an. Die Feen, Nymphen, Gnome und Elfen etwa wirken als die guten Geister von Pflanzen, Tieren und Mineralien. Im Auftrag und unter dem Schutz der Engel behüten und pflegen sie beispielsweise ein Waldstück, ein Vogelnest, einen Teich mit seinen Lebewesen oder jede einzelne Blume in einem Garten.

Durch die Engel also ist die Welt in Ordnung, sind die Daseinsweisen vollständig und sind die Dinge vollkommen ...

Al-Qazwini

Im Reich der Naturgeister

Die Scharen der Naturgeister lassen sich den Elementen zuordnen, denn auch in ihrem Reich herrscht jene harmonische Ordnung, die alle Ebenen der Schöpfung durchzieht.

Element	***Naturgeister***
Feuer	*Salamander, Feuerfeen*
Wasser	*Undinen, Nixen, Nereiden, Wassermänner, Wasserfeen*
Luft	*Sylphen, Luftfeen*
Erde	*Gnome, Zwerge, Kobolde, Trolle, Wichtelmänner, Elfen, Nymphen, Feen der Berge, Wälder, Felder u. a.*

Für die Naturgeister der verschiedenen Elemente gibt es viele, regional unterschiedliche Bezeichnungen. Im Brauchtum jedes Landes findet man eine Fülle von Überlieferungen, Märchen und Legenden, die das Treiben dieser lebhaften, neugierigen und empfindsamen Geschöpfe beschreiben. Wir Menschen können mit ihnen über die Gefühle kommunizieren: Wenn wir Freude, Liebe und Zärtlichkeit ausstrahlen, fühlen sich die Naturgeister angezogen und sind bereit, sich harmonisch einzufügen und auch Aufgaben in Haus und Garten zu übernehmen. Auf Haß, Wut, Angst oder Niedertracht reagieren sie zwiespältig. Während die einen sich erschreckt zurückziehen, greifen die anderen diese niederen emotionalen Energien auf und verursachen bösen Schabernack, Sachschäden, Unfälle und Krankheiten im Umfeld des betreffenden Menschen.

Mit freundlicher Zuwendung und Lob, das von Herzen kommt, können wir Menschen die Arbeit der Naturgeister und damit letztlich das Wirken der Engel unterstützen. So entsteht ein enger, bewußter wechselseitiger Kontakt, der der höheren Entwicklung der Bewohner aller geistigen Sphären und Ebenen der Realität dient.

Die vier Erzengel der Elemente

Die Elemente Feuer, Wasser, Luft und Erde müssen sich in harmonischem Gleichgewicht befinden, damit das Leben auf unserem Planeten gedeihen kann. Wie im großen sollte auch im kleinen das Zusammenspiel der Elemente ausgeglichen sein.
Für jeden einzelnen Menschen ist es von Bedeutung, in welchem Verhältnis die Elemente in ihm selbst vorhanden sind. Im persönlichen Horoskop ist die Verteilung der Elemente, die jemand mitbringt, ablesbar. Ein Mensch mit sehr viel „Feuer" – beispielsweise aufgrund seines astrologischen Sonnenzeichens Löwe mit dem Aszendenten Schütze – hat

Der Erzengel besitzt Allweisheit, und er kennt die Gesetze und die Ursachen und ihre Ausdrucksform.

Daskalos

die Aufgabe, sein cholerisches Temperament kennenzulernen, zu meistern und nach einem Gegengewicht zu suchen, um Harmonie und Frieden zu finden. Aber neben dem geistig-psychischen Wohlbefinden wird auch die physische Gesundheit durch die Ausgewogenheit der Elemente beeinflußt. Diese Balance läßt sich unter anderem durch eine indi-

Die Elemente und ihre Entsprechungen

	Feuer	*Wasser*
Erzengel	*Michael*	*Gabriel*
Symbol	*Schwert*	*Kelch*
Himmelsrichtung	*Süden*	*Norden*
Jahreszeit	*Sommer*	*Winter*
Tageszeit	*Mittag*	*Nacht*
Temperament	*Choleriker*	*Phlegmatiker*
Wahrnehmung	*leidenschaftliches Fühlen*	*intuitives Fühlen*
Tierkreiszeichen	*Widder, Löwe, Schütze*	*Krebs, Skorpion, Fische*

viduell angepaßte Ernährung, Lebensweise und innere Haltung herstellen.
Über die Lehre von den Elementen erschließt sich das Wirken der Erzengel, wie auch die Beschäftigung mit den Elementen zu den Erzengeln führt. Beide sind Ausdrucksformen dynamischer göttlicher Kräfte, die Universen erbauen.

Luft	***Erde***
Raphael	*Uriel*
Stab	*Kubus*
Osten	*Westen*
Frühling	*Herbst*
Morgen	*Abend*
Sanguiniker	*Melancholiker*
Denken	*Sinnenerfahrung*
Waage, Wassermann, Zwillinge	*Steinbock, Stier, Jungfrau*

Michael – Durchs Feuer gehen

Der Name des Erzengels Michael bedeutet „Wer ist wie Gott?“. Er hütet das Element Feuer und damit alle Lebewesen, Lebenssituationen und Vorhaben, die mit dieser Energie in Verbindung stehen. Zum Beispiel regiert Michael über

- das Feuer der Transformation und Reinigung,
- die feurige Kraft der Leidenschaft und Sexualität,
- die Flamme der Wahrheit und Gerechtigkeit.

Die Feuergeister unterstehen dem Erzengel Michael und folgen den Weisungen seiner Engelscharen. Diese feurigen Naturgeister leben sowohl im Wärme spendenden Kaminfeuer und im hellen Kerzenschein als auch in der gefährlichen Glut der Vulkane und in den unberechenbaren Flammen von Brandkatastrophen aller Art.

Die dynamische Kraft von Michael wird von vielen als kämpferisch verstanden, so daß dieser Erzengel oft als Krieger, der den Dämon mit dem Schwert tötet, dargestellt wird. Und tatsächlich beschützt Michael die Menschen vor dunklen Mächten. Doch ist das göttliche Feuer, das von ihm in die Welt gebracht wird, in erster Linie eine kreative, Verän-

derung bringende Energie. Ähnlich wie die Samen bestimmter Pflanzen erst nach einem Steppenbrand aus der Erde sprießen können, so muß ein reinigendes Feuer manchmal das Alte vernichten, um für das Neue Platz zu schaffen.

Das schöpferische Feuer, das den Menschen geschenkt wurde und das von Michael weitergetragen wird, ist der Anstoß zu technischen Erfindungen und einer komplexer werdenden Zivilisation. Aus diesem Grund ist Michael auch der Erzengel, der im menschlichen Bewußtsein heute besonders präsent ist. Er ist der Erzengel mit dem größten Einfluß auf die globale Entwicklung in unserer Epoche. Vor ihm hat Gabriel die Führung innegehabt und sorgte als Hüter der Zeit dafür, die Geschicke der Menschheit voranzutreiben und evolutionäre Sprünge möglich zu machen.

Das 20. Jahrhundert ist allerdings nicht nur von umwälzenden technischen Erfindungen geprägt. Die Welt wird ebenso durch Michaels Fackel hoher Ideale erhellt und umgestaltet. Durch Michael fließt uns ein spirituelles Feuer geistigen Erwachens zu.

Schmerz in Heilung verwandeln

Die großen Lektionen des Lebens lernen wir Menschen meist über das Leid. Erst wenn uns etwas aus den Händen gerissen wird, wenn wir Abschied nehmen müssen, wenn etwas nicht so läuft, wie wir es uns vorstellen, wenn wir gedemütigt, verlassen, betrogen, übergangen werden, wenn wir auf die Nase fallen, krank werden oder mit dem Rücken zur Wand stehen, erst dann – und keinen Moment früher – wagen wir den Schritt ins Unbekannte, den Aufbruch zu neuen Ufern. Gezwungenermaßen. Wieviel einfacher wären diese Schritte zur Veränderung, wenn sie aus Freude, innerer Begeisterung und kreativem Überschwang geschehen würden!

Aber das sagt sich so leicht – loslassen und weitergehen zu neuen Ufern. Schließlich handelt es sich meist um Themen, die uns tief im Inneren treffen, die einen wunden Punkt berühren. Das kann der Tod eines Angehörigen sein, eine Scheidung oder eine schwere Krankheit.

Vielleicht macht einen der Kummer darüber hinaus sogar noch mit Ecken und Kanten der eigenen Persönlichkeit bekannt, die man bei sich selbst nie für möglich gehalten hätte. Leidenschaftliche Reaktionen – vom Tobsuchtsanfall bis zu Mordgelüsten – sprudeln plötzlich hervor, oder man fragt sich, wie tief man noch sinken kann, nachdem man zum x-ten Male auf die falschen Versprechungen eines anderen hereingefallen ist. Egal ob passive Opferhaltung oder rasende Wut, im Leid ist jeder Mensch aus seiner Mitte geraten und sucht nun nach einem neuen Gleichgewicht.

Kummer und Schmerz sind also die verbreitetsten, aber beileibe nicht die erwünschten Begleiter auf der Reise zu persönlicher Reife und wahrem Selbstbewußtsein. Doch selbst in der dunkelsten Nacht der Seele ist Hilfe da, und zu den großen, übergeordneten Schutzengeln in Zeiten von schmerzlicher Wandlung und Transformation zählt Michael. Sein wärmendes, helles Feuer symbolisiert Hoffnung – gerade in der schwärzesten Stunde.

Michael begleitet diejenigen, die sich – freiwillig oder unfreiwillig – auf die beschwerliche, aufregende, mit Überraschungen und abenteuerlichen Begegnungen gespickte Reise zu sich selbst machen. Er hält die Fackel der Bewußtheit und weist den Weg zum Ende des Tunnels, zur Wiedervereinigung mit dem Licht des eigenen Herzens.

Licht und Schatten

Michaels Flamme reinigt und verwandelt. Alles, was sich an schmutzigem Niederschlag in und um einen Menschen gesammelt hat, kann mit seiner Hilfe geklärt und geläutert werden. Dazu gehören negative Gedanken, die oft so lange gewälzt oder gar ausgesprochen wurden, daß sie sich zu häßlichen

Anrufung in Zeiten von Verwirrung und Schmerz

Michael, entfache das Licht in mir,
daß ich mich wieder wärmen kann
an meiner Seele,
daß ich wieder sehen kann
mit meinem Herzen,
daß ich mir wieder vertrauen kann
und wieder weiß, was Wahrheit ist
und was Täuschung.
Michael, mit deinem Schwert aus Licht
zerschneide ich jetzt meine Fesseln.

Schatten verdichtet haben: „Ich schaffe das nicht“, „Alle verachten mich“, „Ich kriege ja sowieso niemals was geschenkt“, „Ich wünsche ihm die Pest an den Hals“ ...

Diese Gedanken setzen zunächst die persönliche Ausstrahlung desjenigen herab, der sich bei jeder Gelegenheit bewußt oder unbewußt darin einhüllt. Irgendwann werden sich diese trüben Vorstellungen aber auch gegen ihn wenden, indem sie ihm bestenfalls schlaflose Nächte bescheren, ihm schlimmstenfalls das Leben zur Hölle machen – nämlich dann, wenn sie Wirklichkeit werden.

Das reinigende Feuer von Michael steht jedem jederzeit zur Verfügung. Es genügt, es sich in inneren, imaginierten oder auch mit Hilfe von (selbst)-gemalten Bildern vorzustellen. Man kann es mit Worten herbeirufen, etwa indem man ein Gebet spricht. Es gibt viele Möglichkeiten, sich mit der läuternden Engelsmacht von Michael zu verbinden.

Rituale der inneren Reinigung und des Schutzes

• Schreiben Sie die negativen Gedanken und Sorgen, die Sie belasten, auf ein Blatt Papier. Zerreißen Sie dann das Blatt, und verbrennen Sie die Papierschnipsel in einem feuerfesten Gefäß. Machen Sie ein Ritual daraus, indem Sie sich dazu Zeit nehmen und jeden Handgriff achtsam ausführen. Bitten Sie den Erzengel Michael um Beistand. Wenn Sie die Papierschnipsel einzeln ins Feuer geben, sprechen Sie laut oder nur in Gedanken: „Michael, ich übergebe dir meinen Kummer. Bitte nimm diese Bürde von mir."

• Zünden Sie feierlich eine Kerze an, wenn Sie sich innerlich sammeln wollen. Blicken Sie ruhig in die Flamme, und verbinden Sie sich über Ihr Herz mit der Klarheit bringenden Kraft von Michael.

• Tragen Sie lilafarbene Kleidung oder umgeben Sie sich mit Gegenständen in der Farbe Lila, um auch auf diese Weise die Flamme der Transformation in Ihr Leben zu holen. In schwierigen Zeiten des Übergangs kann diese Farbschwingung Ihnen helfen, sich der Hilfe Michaels zu erinnern und Kontakt zu ihm aufzunehmen.

• Wenn Sie sich bedrängt und verfolgt fühlen, suchen Sie sich einen ruhigen Platz, um Michael um Hilfe zu bitten. Setzen Sie sich, atmen Sie ein paarmal tief ein und aus, und dann gehen Sie mit der Vorstellung in Ihr Herz. Sagen Sie nun laut oder in Gedanken:
„Michael, beschütze mich vor dunklen Gedanken und Taten. Lenke dein Licht zu mir, und gib mir die Kraft, die Angst zu besiegen und Frieden in meine Welt zu bringen."
Stellen Sie sich dann vor, wie Michael hinter Ihnen steht und mit seinem Schwert aus Licht einen schützenden Kreis um Sie zieht. Bleiben Sie noch eine Weile ruhig sitzen, und öffnen Sie sich für die Inspirationen von Michael und Ihrem Schutzengel. Vielleicht erkennen Sie nun intuitiv, was Sie außerdem tun können, um sich wieder stark und sicher zu fühlen.

Dämonen vertreiben

Wo Licht ist, fällt auch Schatten. So werden häufig gerade diejenigen von bösen Ahnungen, schlimmen Träumen und Anfechtungen heimgesucht, die beginnen, mehr Licht in ihr Leben zu bringen und in den dunklen Ecken aufzuräumen. Die Psychologie spricht in diesem Zusammenhang von „Schattenarbeit", daß heißt von der Bearbeitung und Erlösung jener Persönlichkeitsanteile, die durch Verdrängung in den Schatten des Unbewußten gesunken sind.

Unter dunklen Mächten kann man sich also zum einen die Schattenanteile der eigenen Persönlichkeit vorstellen, die an das Licht der Bewußtheit drängen und sich in Form von Ängsten bemerkbar machen. Menschen, die sich aktiv an die Konfrontation mit ihrem Schatten machen, werden sie für eine gewisse Zeit besonders intensiv wahrnehmen. Bei Menschen aber, die eine Auseinandersetzung mit den Schattenthemen ihres Lebens ängstlich vermeiden, melden sich diese inneren Dämonen in den verschiedensten Verkleidungen, zum Beispiel als Krankheit, Unglücksfall oder persönliche Feindschaften.

Zum anderen kann es sich bei dunklen Attacken jedoch auch um Gedankenformen handeln, die von

eifersüchtigen oder übelwollenden Mitmenschen geschickt werden.
Wie auch immer man die dunkle Macht definieren mag – jedem steht es offen, Michael um Hilfe zu bitten und unter seine schützenden Flügel zu flüchten. Er bringt wieder ein Gleichgewicht in das Spiel der Kräfte und verteidigt diejenigen, die von „bösen Geistern“ oder menschlichen Widersachern bedrängt und verfolgt werden.
Die Auseinandersetzung mit dem Dunklen auch in der eigenen Persönlichkeit gehört nun einmal zum Prozeß der Wandlung, Läuterung und geistigen Transformation. Und Michael hilft uns, diese schwierige Hürde der Persönlichkeitsentwicklung mutig und entschlossen zu nehmen.

*Engel helfen uns, unsere
Kräfte zu sammeln und unsere
Mauern einzureißen.
Sie zeigen uns die Sicherheit
und Freiheit, die uns von Natur
aus zu eigen ist,
wenn wir uns mit unserem
höheren engelhaften Wesen in
Einklang befinden,
und sie zeigen uns auch,
daß wir, wenn wir uns
für die Liebe entscheiden, nie
einen falschen Schritt
tun können.*

Karen Goldman

Der Erzengel Michael ist Ihr Helfer

- bei einem sportlichen Wettkampf
- in einem Rechtsstreit oder bei einer Gerichtsverhandlung
- bei Gesprächen mit dem Vorgesetzten oder Personalchef
- beim Abfassen von Bewerbungsschreiben
- um eine Beförderung oder Gehaltserhöhung zu erreichen
- um die Wohnung energetisch zu reinigen
- um von Eifersucht loszukommen
- um eine sexuelle Abhängigkeit zu lösen
- um sich in Frieden von jemandem oder etwas zu trennen
- um bei einer Scheidung zu einer gerechten Lösung zu finden
- beim Entwickeln fortschrittlicher Technologie
- um selbstbewußt seinen Standpunkt in einer Diskussionsrunde zu vertreten
- um gegen Machtmißbrauch einzuschreiten
- um Frieden in eine aggressive Atmosphäre zu bringen

- bei Alpträumen
- um sich vor einer Intrige oder Klatsch zu schützen
- um einen neuen Anfang zu machen
- um mit Untergebenen oder Schutzbefohlenen gerecht und liebevoll umzugehen
- wenn etwas gerecht aufgeteilt werden soll
- um von einer alten Gewohnheit loszukommen
- um eine verfahrene Situation weise aufzulösen
- um die eigene Stärke auf erleuchtete Weise auszudrücken

Rufen Sie Michael zu Hilfe, indem Sie in Gedanken oder laut seinen Namen nennen und ihn bitten, Sie in der bestimmten Situation zu führen. Sie können sich auf seine Energie auch mit Hilfe von Sonnenlicht oder Kerzenschein einstimmen. Doch erinnern Sie sich daran, daß der Kontakt zu den Engeln letztlich immer über das Herz hergestellt wird.

Gabriel – Mit Gefühl und ganz viel Liebe

Der Name des Erzengels Gabriel bedeutet „Kraft Gottes“. Gabriel regiert über das Element Wasser, das rein, sanft und nachgiebig, aber auch unberechenbar, zerstörerisch und überwältigend sein kann. Ähnlich verhält es sich mit den menschlichen Gefühlen. So ist es derselben Person möglich, sowohl zarteste Regungen der Zuneigung, zärtlichste Empfindungen von Liebe und Mitgefühl als auch Stürme des Zorns oder wütende Ausbrüche von Haß zu durchleben.

Der Erzengel Gabriel ist der Helfer in sämtlichen Gefühlsangelegenheiten. Darüber hinaus begleitet er alle Lebewesen, Lebenssituationen und Vorhaben, die mit der Energie des Elements Wasser in Verbindung stehen; zum Beispiel regiert Gabriel über

- die tiefen Gewässer der Psyche,
- die Geheimnisse von Fruchtbarkeit und Empfängnis – im konkreten wie im übertragenen Sinn,
- die Reinheit und Hingabe, mit der wir unserer inneren Stimme und Berufung folgen.

In der Natur gehorchen die Wassergeister den Weisungen Gabriels und seiner ihm unterstellten Engelscharen. Nixen, Wassermänner oder Quellnymphen behüten das Leben in den Meeren, Flüssen und Seen und sorgen dafür, daß die lebenspendende Kraft des Wassers möglichst klar erhalten bleibt. Manchmal tritt das Wasser über seine Ufer und überschwemmt die Erde, um sie zu reinigen und den Menschen die Chance eines Neuanfangs zu geben. Und der Regen, der vom Himmel fällt, ist für die Samen in der Erde das Zeichen, nach langer Wartezeit nun dem Licht der Sonne entgegenzustreben.

Wachstum und Entfaltung, Hoffnung und Liebe gehören in Gabriels Wirkungsbereich. Er ist der Engel der Verkündigung – dargestellt als geflügelter Himmelsbote, der Maria die Nachricht übermittelt, daß sie ein Kind mit Namen Jesus empfangen und zur Welt bringen wird. Gabriel ist auch der Bote, der Mohammed inspiriert und ihn auf seine spirituelle Aufgabe vorbereitet hat. Andere auserwählte Menschen wurden von Gabriel geführt, damit sie ihre Rolle als Lehrer, Weiser oder Religionsstifter erfüllen und somit die Welt bereichern konnten.

Auf der Suche nach dem Gral

Wenn wir keinen Zugang zu unserer eigenen Tiefe und Lebensaufgabe finden, werden wir unzufrieden, streitsüchtig oder auch depressiv. Möglicherweise beginnen wir zu kränkeln, oder wir verspüren den Zwang, an allem, was uns begegnet, unseren Selbsthaß auszulassen. Dann wird gemeckert und kritisiert. Nichts und niemand – wir selbst eingeschlossen – findet Gnade vor unserem bösen Blick.

Begabungen und Talente wollen ausgedrückt werden, denn sie sind das natürliche Potential eines Menschen, der mit einer bestimmten Lebensaufgabe auf die Welt gekommen ist. Es schmerzt, wenn diese machtvolle Seelenenergie keinen Weg findet, sich frei zu entfalten.

In jedem Menschen ist ein Kelch, gefüllt mit dem Wasser des Lebens. Dieses Wasser ist voller Kraft. Es hat die Fähigkeit, Dinge in Gang zu setzen und Ideen zum Sprießen zu bringen. Das Wasser kann befruchtend wirken, wenn wir davon trinken. Dazu müssen wir uns jedoch zuerst nach innen wenden und die Existenz des Kelches anerkennen.

Das Wasser des Kelches schenkt Lebensfreude. Die Tür öffnet sich zur Welt, in der wir unser Wissen

anwenden und von anderen dazulernen können. Der Kelch ist die Quelle, aus der das Potential eines Menschen in die Welt hinaus sprudelt, wo es Gestalt annimmt und etwas bewirkt.
Der Kelch des Lebens erschöpft sich niemals, denn er ist auch die Schale, mit der von höchster Ebene Kraft und Inspiration empfangen werden. Zu einem glücklichen Leben gehört beides: das Empfangen und das Herausgeben, Passivität und Aktivität, Sanftmut und Stärke, das Weibliche und das Männliche.
Die Suche nach dem Gral ist das Streben nach Selbstverwirklichung durch das Bergen des inneren Schatzes. Sie entspricht dem Wechselspiel von weiblichen und männlichen Energien im einzelnen Menschen. Den Gral findet man erst, wenn weibliche und männliche Persönlichkeitsanteile in Harmonie kommen. Und Gabriel hilft bei diesem oftmals lebenslangen Angleichungsprozeß. Er zeigt den Weg, Gefühle frei auszudrücken und beeindruckbar, offen und liebevoll zu bleiben. Gleichzeitig hilft er, Charakter zu beweisen und sich mit seinen Ideen und Meinungen durchzusetzen. So unterstützt Gabriel Männer darin, bei aller Stärke

Einen Wunsch losschicken

Dieses kleine Ritual können Sie auf einem Spaziergang machen. Gehen Sie zu einem fließenden Gewässer, das kann ein ganz kleiner Bach im Wald oder am Feldrand sein oder ein Kanal oder Fluß. Suchen Sie sich einen Steg, der über das Wasser führt. (Sie können sich auch an das Ufer stellen, wenn die nächste Brücke zu weit entfernt liegt.)

Blicken Sie auf das vorbeigleitende Wasser, und sammeln Sie sich. Atmen Sie bewußt ein paarmal tief ein und aus. Denken Sie nun an einen Wunsch. Formulieren Sie die Bitte laut oder in Gedanken in Worte: „Gabriel, ich bitte dich um ...“ Oder: „Gabriel, bitte hilf mir bei ...“

Geben Sie den Wunsch in Gedanken ins Wasser, das ihn nun mit sich nimmt. Sie können einfach nur in Richtung des davonrauschenden Wassers sprechen oder sich vorstellen, daß Sie den Wunsch wie einen bunten Ball ins Wasser werfen.

Danken Sie Gabriel und den Wassergeistern, bevor Sie sich abwenden und weitergehen.

auch einmal weich und verletzlich zu sein und bewußt der Intuition zu folgen. Und Frauen bekommen durch Gabriel die Kraft, sich energisch zu behaupten und selbstbewußt für eigene Belange einzutreten.
Gabriel ist der „Geburtshelfer“, der Träume Realität werden läßt und dabei die Liebe nicht vergißt. Er erinnert daran, daß in jedem Menschen ein göttlicher Kern liegt und darauf wartet, sich zu einer wunderbaren Blüte zu entfalten.

Das innere Kind hüten

Eine innere Gestalt, die vor Vitalität und Lebensfreude geradezu übersprudelt, ist das innere Kind. In jedem Erwachsenen ist dieses kreative, spontane Wesen zu Hause. Doch die meisten nutzen diese volle Batterie an Lebensmut nicht, ja, sie mißachten das innere Kind und sperren es in einen Käfig aus Mißvergnügen, Konventionalität oder Angst vor dem Neuen. Manche Menschen haben ihr inneres Kind vergessen, weil es scheinbar irgendwann einmal von einem übermächtigen Gegner gebrochen wurde.

Neben dem persönlichen Schutzengel ist Gabriel der Hüter dieses inneren Kindes. Er hilft jedem Menschen zu erkennen, daß in ihm etwas Heiles, Reines, Unverletzliches, Kreatives und überaus Machtvolles verborgen liegt, das das Licht der Welt erblicken möchte.

Das innere Kind will mitspielen. Und in jedem Erwachsenenleben ist Raum dafür – für ein erfrischend offenes Wort, für eine spontane Geste der Zuneigung, für eine verrückte, durchtanzte Nacht, für neue kreative Ideen zur Lösung von Problemen.

Bitten Sie Gabriel, Ihnen zur Seite zu stehen, um sich mit diesem ewig jungen und lichtvollen Teil in Ihnen selbst wieder enger zu verbinden. Wenn Sie das innere Kind in Ihren Alltag holen, werden Sie sich reicher fühlen – an Hoffnung, Wahrheit und übermütiger Lust aufs Leben.

Im Meer der Gefühle

Wasser ist das Element, das Gefühle sofort aufnimmt, an sich bindet und sie auch wieder klärt.

Wenn Sie gerade durch einen Sturm von Emotionen verwirrt wurden oder vor Kummer aus dem Gleichgewicht geraten sind, ist es hilfreich, in einem natürlichen Gewässer zu schwimmen. Machen Sie ein Ritual aus diesem Bad, und tauchen Sie im Bewußtsein einer tiefen spirituellen und emotionalen Reinigung in die Fluten.

Während Sie schwimmen oder untertauchen, können Sie sich vorstellen, wie das Wasser Ihre Aura reinigt und wieder mit klarer Energie füllt. Bitten Sie

Seelengebet

Gabriel, nimm alle Zweifel von mir.
Hilf mir, zu sprechen und zu handeln,
wie ich wirklich bin:

voller Liebe und Zärtlichkeit,
voller Stärke und Mut,
voller Hingabe an das Leben.

Gabriel, laß durch mich die Wahrheit
meiner Seele fließen.
Ich danke dir.

Gabriel und die Naturgeister des jeweiligen Ortes, Ihnen zu helfen, Ordnung in Ihr Gefühlsleben zu bringen.

Wenn es noch zu kalt ist, um draußen zu baden, können Sie sich ein fließendes Gewässer suchen, um ähnlich wie bei dem Ritual auf Seite 73 mit Ihrer Imagination zu arbeiten. Stellen Sie sich vor, wie Sie belastende Emotionen abschütteln und ins Wasser gleiten lassen. Sagen Sie zum Beispiel: „Gabriel, ich übergebe dir meinen Zorn auf ... Bitte heile meine Gefühle."

Eine andere Möglichkeit ist, zu Hause unter der Dusche oder in der Badewanne Emotionen „abzuwaschen". Benutzen Sie Ihre Vorstellungskraft, um sich auch auf feinstofflicher Ebene zu reinigen, so wie Sie Ihre Haut mit Wasser und Seife säubern.

Die stärkste reinigende Wirkung geht vom Salzwasser der Ozeane und Meere aus. Denken Sie daran, wenn Sie das nächstemal Ferien an der See machen.

Der Erzengel Gabriel ist Ihr Helfer

- bei Depressionen
- um eine lähmende Zeit der Untätigkeit und geistigen Blockierung zu beenden
- um eine Idee in die Tat umzusetzen
- um ein gemütliches Zuhause zu schaffen
- um sich mit seinem Lebenspartner auszusöhnen
- um seinen Lebenspartner zu finden
- bei Streitigkeiten mit den Kindern
- um sich im Urlaub am Meer gut zu erholen
- um einen Liebesbrief zu schreiben
- um das Wasser, das bei den Mahlzeiten getrunken wird, zu segnen
- bei Launenhaftigkeit
- um sich und anderen zu vergeben
- um Kummer und Streß mit Tränen wegzuspülen
- bei jeder Beschäftigung mit Träumen
- um wieder etwas fühlen und sich freuen zu können
- um Reichtum ins Leben zu holen
- um die richtigen Worte der Zuneigung und des Dankes zu finden

- bei Problemen mit autoritären oder despotischen Personen
- in der Schwangerschaft
- bei ungewollter Kinderlosigkeit
- bei Geburten aller Art – eines Kindes, einer Idee, einer kreativen Aktion
- um sich einer schmerzhaften Erfahrung hinzugeben und gestärkt daraus hervorzugehen
- bei allen therapeutischen Schritten zur Heilung der Gefühle
- um sich mit den Rhythmen des Mondes vertraut zu machen

Um Gabriel herbeizurufen, brauchen Sie nur laut oder in Gedanken seinen Namen zu sprechen und ihm das Problem zu übergeben. Sie können sich auf seine Energie gut einstimmen, wenn Sie an ein Gewässer in der freien Natur gehen oder es sich mit Hilfe Ihres inneren Auges vorstellen. Auch der Anblick eines Kelches kann helfen, sich mit Gabriel zu verbinden. Sie können einen Kelch aufstellen, zeichnen oder über das Gralssymbol meditieren.

Raphael – Das große Netz der Verbundenheit

Der Name des Erzengels Raphael bedeutet „Gott heilt". Raphael ist der große Heiler, Helfer und Tröster auf dem Lebensweg. Er behütet alle Reisen – innere wie äußere –, die ein Mensch unternimmt. Der Erzengel überwacht das Element Luft und wirkt auf alle Lebewesen, Situationen und Vorhaben ein, die mit diesem Element in Verbindung stehen. Zum Beispiel schützt Raphael

- jede Form von Kommunikation,
- jeden künstlerischen Ausdruck, der einem kreativen Geist entspringt,
- alle Anstrengungen und therapeutischen Methoden, um Lebenskraft (Qi, Prana) aufzunehmen und sich und andere damit zu heilen.

Die Luftwesen, die von Raphael und seinen Engelscharen regiert werden, sind von allen Naturgeistern am wenigsten faßbar. Die Sylphen leben in jedem Hauch – in der wohltuenden, entspannenden Brise wie im anregenden Frühlingsbrausen. Aber die luftigen Naturgeister stürmen auch in Gewitterwolken

über das Land und zerschmettern in den wilden, unbezähmbaren Böen eines Orkans alles, was sich ihnen in den Weg stellt. Wie durch einen zornigen Geist kann mit dem Naturelement Luft große Zerstörungsgewalt entfesselt werden. Ein reinigendes Gewitter dient aber nicht nur in der Natur dazu, die Atmosphäre zu klären.

Wir Menschen brauchen die Luft zum Atmen. Mit Hilfe der aus der Lunge wieder ausströmenden Luft können wir zudem Töne erzeugen und uns damit verständigen – Sprache ist ein Kind des Luftelements. Raphael zeigt den Menschen, wie sie mit dieser Kraft achtsam und konstruktiv umgehen – und dabei stets einen klaren Kopf behalten.

Der Stab, das Symbol des Erzengels Raphael, dient zum einen der Orientierung in der Welt. Er ist ein Teil des Lebensbaumes und verankert denjenigen, der sich auf ihn stützt, in der irdischen Sphäre. Raphael berät jeden Menschen auf seiner Lebensreise. Der Erzengel hilft, zu einer klaren Linie zurückzufinden, wenn man sich in Illusionen verrannt hat und nur noch Luftschlösser baut. Dank Raphael gelingt es, kühne Ideen in die Tat umzusetzen und zu erden. Er ist der Hüter der kreativen

Ausdruckskraft, mit der Lebensfreude Gestalt annimmt. Raphael, der himmlische Bote, inspiriert jeden Menschen, seinen individuellen Weg zu finden und diesen durch alle Prüfungen hindurch sicher und auch mit Leichtigkeit zu beschreiten.

Wenn außerdem Schlangen den Stab umringeln, ist er auch das Symbol für die Heilkraft von Raphael. Der weisen Schlange, die sich häutet, wohnt die Macht der Erneuerung inne. Raphael, der Heilengel, lenkt Lebensenergie zu den Wesen auf der Erde, damit sie sich fortwährend regenerieren und selbst nach schwerstem Leiden wieder gesund werden. Er unterstützt mit seinen Engeln die Kranken, und er steht gleichzeitig allen zur Seite, die andere heilen.

Kommunikation und Verbundenheit sind die Grundlagen, auf denen sich das Wirken von Raphael entfaltet. Gleichzeitig sind sie auch sein höchstes Ziel, denn die Einheit allen Seins macht es möglich, mit der richtigen geistigen Haltung selbst auf der Erde hin und wieder die Begrenzungen von Zeit und Raum zu überwinden. Raphael hilft uns, immer mehr in diesem Bewußtsein der Einheit zu leben und an der grenzenlosen Kommunikation im Universum aktiver teilzuhaben.

Raphael ermutigt jeden, sich von irdischen Lehrern und geistigen Führern Rat zu holen, denn in der geistigen Verbundenheit allen Seins fließt jedem einzelnen durch das goldene Netz lichtvoller Helfer auch Heilung aus höheren geistigen Sphären zu. Geistige Reisen in andere Welten, visionäre Schau oder telepathische Übermittlung von Gedanken sind Wege der Heilung und Bewußtseinserweiterung, die unter Raphaels Schutz stehen.

Sich aussprechen – ein Ritual

Reden ist oft eine Quelle von schlimmen Mißverständnissen. Aber auch Schweigen ist keineswegs immer nur Gold. Es ist ein Unterschied, ob jemand mit seinen Worten Mauern baut und Pfeile abschießt – oder ob durch ein offenes Wort eine Verbindung geschaffen wird, durch die wieder Verständnis und Liebe fließen können. Jedes Wort setzt Energie in der Welt frei und trägt dazu bei, Realitäten zu erschaffen, auch im negativen Sinn. Deshalb ist Schweigen manchmal tatsächlich Gold. Doch mit einem von Herzen kommenden Wort kann Heilung geschehen. Und Menschen müssen sich

regelmäßig aussprechen. Ob in der Partnerschaft, in der Familie, im Freundeskreis oder unter Kollegen: Ab und zu ist es Zeit, sich zu öffnen und sich vertrauensvoll ernste, bedrückende wie auch freudige Dinge von der Seele zu reden.
Machen Sie ein Ritual daraus, indem Sie festlegen, daß das Reden und Zuhören nicht beliebig ist, sondern gemeinsam festgelegten Regeln folgt. Dabei spielt es keine Rolle, ob Sie nur unter vier Augen sprechen oder in einer größeren Runde sitzen.
Wählen Sie einen Gegenstand, den die Person, die redet, in den Händen halten soll. Geeignet ist ein Kristall oder ein einfacher größerer Stein, ein Zweig oder Stab. Setzen Sie sich gegenüber, so daß sich alle in die Augen schauen können.
Die Person, die zuerst spricht, nimmt den Stein (oder ein anderes ausgewähltes Objekt). Er ist das Zeichen, daß die anderen zuhören, ohne zu unterbrechen. Hat die Person alles gesagt, was sie auf dem Herzen hatte, gibt sie den Stein wieder aus der Hand, so daß ihn der nächste nehmen kann.
Dieses Ritual bewirkt, daß jeder jedem wirklich zuhört und ihn ohne Hast aussprechen läßt. Es bewirkt auch, daß sich der Redner der Macht des

Wortes wieder bewußt wird und sich sammelt, bevor er zu sprechen beginnt.
Mit Hilfe eines solchen Rituals kommen Ruhe und Tiefe in ein Gespräch, das dadurch zu einem echten Austausch wird. Es kann sehr feierlich gestaltet werden, man kann es aber auch in einer fröhlichen Runde abhalten. Denn ein wahres Wort, das von Herzen kommt, ist Balsam für die Seele und eine Quelle der Freude.

Friedensgebet

Raphael, weiser Hüter der Luft,
die alle Menschen atmen,
bring Frieden in die Herzen, und
knüpf ein Band der Liebe.

Hilf mir, ins reine zu kommen
mit meiner Welt,
mit meinen Mitmenschen,
mit mir selbst.

Die Heilengel rufen

Bei jeder medizinischen Behandlung, bei Heilsitzungen und Operationen aller Art sind Heilengel zugegen. Raphael ist ihr Leiter. Die Heilengel versorgen den feinstofflichen Körper des Kranken. Sie wirken auf seine Aura ein und beginnen, Verletzungen energetisch zu heilen und Verschmutzungen zu reinigen. Sie lenken dazu Lebenskraft zu dem Betreffenden und machen sich daran, Löcher oder Risse in den Schichten der Aura zu flicken. Parallel zur Behandlung des physischen Körpers durch die Ärzte bemühen sie sich, die Gesundheitsstörung auf der höheren geistigen Ebene zu beheben.

Zu den individuellen Heilengeln des Patienten gesellen sich die Heilengel des Arztes oder Therapeuten, die immer im Behandlungszimmer gegenwärtig sind. Die Heilengel wirken auch in jedem Krankenhaus, auf jeder Unfallstation. Sanft und hingebungsvoll stehen sie bereit, um den Leidenden Schmerzen abzunehmen und in den Patienten die Selbstheilungskraft zu wecken – und damit die Seelenkräfte der Liebe und Vergebung.

Ein starkes Feld der Heilung kann aufgebaut werden, wenn wir bei Krankheiten oder vor medizinischen Eingriffen Raphael und seine Engel sowie unseren Schutzengel zu uns rufen. Wir können sie bitten, den Menschen, der uns behandeln wird, zu leiten und zu inspirieren. Wir können sie bitten, uns zu helfen, wieder gesund zu werden und Krankes abzuschütteln. Wir können ihnen im Gebet oder in der Meditation alles übergeben, was uns krank gemacht hat, und uns unter ihrem Schutz so weit öffnen, daß unsere Selbstheilungskraft frei wird und auf allen Ebenen wirken kann.

Die Lebenskraft sehen – eine Übung

Die Luft vibriert voller Lebenskraft. Vor allem in der freien Natur ist das an sonnenhellen Tagen intensiv zu spüren. Bergspitzen sind besonders geeignet, um sich über das Luftelement energetisch aufzutanken.
Sie können diese Kraft sogar sehen. Blicken Sie in den hellen Himmel (aber nicht direkt in die gleißende Sonne!), und kneifen Sie die Augen ein wenig zusammen, so daß sich Ihr Blick für das pulsierende Luftelement schärft.
Mit ein bißchen Geduld und Übung sehen Sie plötz-

lich winzige Energiebälle am Himmel wimmeln und aufblitzen. Je nach Sonneneinstrahlung und Energieniveau des Ortes pulsieren diese Bällchen stärker oder schwächer, doch sie sind immer zu finden.
Wir leben inmitten einer Energiefülle und können lernen, Lebenskraft bewußter zu kanalisieren und sie gezielter zur Heilung von Körper und Psyche zu nutzen. Raphael und seine Engel stehen uns bei, um uns optimal über das kosmische „Stromnetz" zu versorgen.

Häufig habe ich nach dem Besuch des Heilengels festgestellt, daß der Puls meiner Patienten regelmäßiger und die Temperatur ziemlich normal war. Oftmals half mir der Heilengel bei der Pflege eines Patienten und führte meine Hand ... Der Heilengel war nicht der einzige, den ich bei Patienten im Spital sah. Gelegentlich kamen und gingen auch andere, mehr wie menschliche Besucher, nur war ihr Erscheinen plötzlich wie auch ihr Weggehen.

Joy Snell

Der Erzengel Raphael ist Ihr Helfer

- um wieder gesund zu werden
- bei allen Reisen
- um im Internet zu surfen und dabei an wertvolle Informationen zu gelangen
- um die eigenen negativen Gedankenmuster aufzuspüren
- um eine Fremdsprache zu lernen
- um ein Heilmittel oder die geeignete Therapie zu finden
- bei einem medizinischen Eingriff
- bei Problemen mit dem Computer
- um inspirierende, wohltuende Bilder für die neue Wohnung auszusuchen
- um sich mit einem Menschen wieder zu versöhnen
- beim Verstehen von spirituellen Wahrheiten
- bei Lampenfieber
- um einen Ratgeber zu finden
- um telepathisch zu kommunizieren
- um verwirrtes Denken zu klären
- bei Prüfungsangst
- bei Vertragsabschlüssen
- um einen erholsamen Kur- oder Ferienort auszusuchen

- bei schwierigen Verhandlungsgesprächen
- um nach Zeiten großer Anspannung wieder tief durchatmen zu können
- um sich in einer Fremdsprache gut zu verständigen
- um nach Streit oder Entfremdung das richtige Wort zu finden
- um hochwertige, energiereiche Lebensmittel auszuwählen
- bei Besuchen oder bei der Arbeit im Krankenhaus
- bei Erste-Hilfe-Aktionen
- bei künstlerischen Entwürfen

Sie rufen Raphael herbei, indem Sie in Gedanken oder laut seinen Namen sprechen und Ihr Anliegen vortragen. Sie können sich auch auf seine Energie einstimmen, wenn Sie still sitzen und vorbeiziehende Wolken am Himmel betrachten. Ebenso ist es hilfreich, sich mit Räucherungen, Duftessenzen oder Atemübungen auf die Frequenz von Raphael einzuschwingen.

Uriel – Lebensfreude pur

Der Name des Erzengels Uriel bedeutet „Licht Gottes“. Er ist der Erzengel, der das höchste schöpferische Licht tief in die Materie lenkt, so daß Wachstum sich entfalten kann und eine solide Basis findet. Uriels Element ist die Erde. Er behütet unter anderem

- die gute Verankerung im physischen Körper,
- den spirituellen Umgang mit materiellen Gütern,
- erleuchtete Formen von Machtausübung und kraftvoller Selbstbehauptung.

Uriel und seine Engelscharen gebieten über die Vielzahl von Erdgeistern, wie Gnome und Wichte, Elfen und Pflanzenfeen, Kobolde und Heinzelmännchen. Sie pflegen und betreuen unter Anleitung der Engel Pflanzen, Tiere und Mineralien. Die Erdgeister sind sozusagen die „Schutzengel“ dieser Lebensformen.

Wir Menschen können mit den Geistwesen des Erdelements Kontakt aufnehmen und ihre Arbeit unterstützen, wovon beide Seiten profitieren. Wenn Menschen Dankbarkeit, Respekt und Anerkennung für das Wirken der Erdgeister und ihrer Engel zeigen

und sie in Haus und Garten einladen, werden sie mit fruchtbarem Boden, prächtig gedeihenden Pflanzen und gesunden Haustieren belohnt.
Doch das Wirken von Uriel und seinen Helferscharen geht über einen „grünen Daumen" und materielle Fülle hinaus. Indem sie Licht, göttliche Energie, in die Erde leiten, beleben sie unseren Planeten und geben ihm die Kraft, sich auch geistig zu entwickeln.
In jedem Baum, in jedem Felsen, in jeder Blumenwiese leben Erdgeister und Engelwesen, mit denen wir Menschen kommunizieren können. Sie erzählen uns von ganz spezifischen Eindrücken und Lebenswelten in dem „Garten Erde", die unseren menschlichen Erfahrungshorizont erweitern.
Wenn wir uns auf Uriel und seine Helfer einstimmen, lernen wir von den Wundern des Lebens: von der unbändigen Kraft winziger, zarter Schößlinge, die harte Erdkrusten durchdringen, von der Weisheit eines alten Baumriesens, von der magischen Speicherung des Lichts in der Materie durch das Pflanzengrün. Aber auch so sagenhafte Geschöpfe wie das Einhorn oder der Drache finden sich in Uriels Reich.

Wachstumsgebet

Uriel, Meister des Lichts,
ich vertraue mich deiner Führung an.

Ich wende mich der Sonne zu,
nehme Wärme und Wachstumskraft
in mich auf.

Ich strebe dem Licht entgegen und bin
doch gut verankert in der Erde.

Uriel, stärke meinen Körper und
meinen Willen.

Gib du mir die Kraft,
alle Hindernisse zu überwinden –
auf meinem Weg zu mir selbst,
zum Licht meiner Seele.

Bitte behüte all meine Schritte
in das Neue.

Uriel kann uns die Augen öffnen für die Schönheit der Natur, für ihre Weisheit, Vielgestaltigkeit und unerschöpfliche Erneuerungskraft. Wenn wir uns von Uriel führen lassen, werden wir von der Freude am Dasein erfüllt. Wir spüren dann, daß es den Garten Eden auf Erden tatsächlich gibt.
Alle Lebensformen haben ihren Platz und ihre Aufgabe im Zusammenspiel von Werden, Wachsen und Vergehen. Sie sind durchdrungen von geistigen Impulsen der Zusammenarbeit und Liebe. Mit Hilfe von Uriel können wir die Verbindungslinien in der Natur wieder erkennen und das Wissen um diese geistigen Zusammenhänge zur Wirkung bringen.
Ein Beispiel: Anfang der sechziger Jahre begannen Dorothy Maclean und das Ehepaar Eileen und Peter Caddy, an der unwirtlichen Küste Schottlands die Zusammenarbeit mit Pflanzenengeln (sie selbst nannten sie Pflanzendevas) zu erforschen. Seitdem ist Findhorn, der Name ihrer Lebens- und Arbeitsgemeinschaft, ein Synonym für den erleuchteten Umgang mit den geistigen Kräften des Naturreichs.
Den Bewohnern von Findhorn gelang es, auf kärgsten Böden und in einem rauhen Klima üppige Gemüsepflanzen zu ziehen und exotische Früchte zu

ernten. Möglich waren diese von verschiedenster Seite gut dokumentierten Erfolge durch den inspirierten, partnerschaftlichen Umgang mit den Pflanzengeistern und Landschaftsengeln. Auf telepathischem und medialem Weg nahm Findhorn-Gründerin Dorothy Maclean Kontakt mit den Wesenheiten auf, die dort die Pflanzen und den Boden beseelen, und erhielt von ihnen praktische Ratschläge für die Gartenpflege. Doch im Mittelpunkt stand die Kunst, das Pflanzenwachstum durch positive Gedanken- und Gefühlsbotschaften zu fördern. Innerhalb kürzester Zeit gediehen vor allem Gemüsepflanzen in spektakulärer Weise und entwickelten für den Menschen einen besonderen geistigen Nährwert.

Dorothy Maclean schrieb: „Die Wirklichkeit des Gartenwachstums war es, die uns in die Wirklichkeit der Devas (Engel) hineinführte. Daraus erwuchs eine neue Art Gartenpflege und ein tieferes Verständnis vom Leben als Ganzem. Wir erfuhren die Notwendigkeit der Zusammenarbeit in der Natur und mit jedem einzelnen."

Uriel, der Erzengel des Erdelements, ist ein Hüter dieser Zwiesprache und Kooperation zwischen

Mensch und Pflanzen-, Tier- sowie Mineralreich. Er hilft uns, die feinen Verbindungslinien und erstaunlichen Wechselwirkungen zwischen den Naturreichen zu verstehen. Wenn wir Uriels Inspirationen folgen, werden wir Menschen unseren Platz in diesem Gefüge finden und uns an seiner Harmonie erfreuen. Wir gewinnen durch diese Hinwendung zum Erdelement und seinen Engeln selbst an Vitalität und Lebensfreude.

Mit Pflanzen zu sprechen und ihnen liebevolle Zuwendung zu schenken ist ein einfacher und für jeden leicht praktizierbarer Weg, sich mit der Welt der Naturgeister vertraut zu machen und sich auf die dahinterstehenden Engelkräfte einzustimmen.

Mit beiden Beinen auf der Erde stehen

Manche Leute kommen einem dumpf und schwerfällig vor. Sie haben scheinbar nur materielle Interessen im Sinn: Geld verdienen, kaufen, essen, Sex ausleben, Claims abstecken, Muskeln zeigen, Karriere machen, Überlegenheit demonstrieren und immer den eigenen Vorteil durchsetzen.

Andere Leute wiederum kommen einfach nicht auf den Boden der Tatsachen und sehen alles nur noch „geistig". Das Alltagsleben empfinden sie als langweilig, banal und schwierig. Die Welt erscheint ihnen finster und voller Schlechtigkeit. Deshalb wollen sie auch möglichst nichts damit zu tun haben.

Uriel bringt ein Gleichgewicht in das Wechselspiel von Licht und Dunkelheit, Geist und Materie. Er zeigt, daß das „Licht Gottes" überall zu finden ist und die ganze Schöpfung durchwirkt. Uriel löst Polarisierungen auf, denn schon in der finstersten Nacht ist der Keim des Morgens gelegt, und hinter jeder Angst steht eine vernachlässigte Tugend. In jeder extremen Position findet man den Hinweis auf den Gegenpol. Freude läßt sich beispielsweise nur beschreiben, wenn man die Traurigkeit kennt, und umgekehrt. So wird der hartgesottene Materialist irgendwann die Macht des Geistes kennenlernen, und der Weltflüchtige wird sich auch mit seinem physischen Körper und mit materiellen Problemen beschäftigen müssen.

Uriel ist der Meister der Verbindung und Umwandlung von scheinbaren Gegensätzen in etwas Höheres – genauso wie das Sonnenlicht auf der Erde Stoffwechselprozesse in Gang setzt und so Wachstum und Entwicklung ermöglicht. Den zu sehr der Materie verhafteten Menschen zeigt Uriel, wie sie leichter werden und ihre Verlustängste in Einsicht und Gelassenheit verwandeln können. Und den Menschen, die an der Erdenschwere leiden und des-

halb alles Körperhafte meiden wollen, zeigt er das Licht, das unseren Planeten durchzieht.
Uriel lehrt, wie man mit beiden Beinen auf der Erde steht und gleichzeitig seine spirituelle Sehnsucht nicht verleugnen muß. Die kleinen Erleuchtungen im Alltag sind sein Reich, ebenso der reife, besonnene Umgang mit Geld und persönlicher Macht. Er zeigt den Weg zu wahrer Lebensfreude.

Geldsegen

Geld und materieller Wohlstand gehören zum Erdelement, das von Uriel betreut wird. Er lädt dazu ein, mit der Materie geistreich und spielerisch umzugehen, statt sie festhalten und horten zu wollen.
Geld und materielle Güter sind lediglich eine bestimmte Form von Energie. Sie vermehrt sich, funkelt und bringt Spaß, wenn sie frei fließt. Wie bei der körperlichen Energie müssen wir aber darauf achten, uns nicht zu verausgaben, in Bewegung zu bleiben, uns an Energiequellen anzuschließen und Kraftreserven anzulegen.
Uriel können wir um Hilfe bitten, um in Geldangelegenheiten frei zu werden und die Fülle, die uns

umgibt, freudig anzuerkennen und in das eigene Leben zu holen. Dankbarkeit ist der wichtigste Schlüssel für materiellen Wohlstand. Wenn wir für alles, was wir an Geld und materiellen Gütern bekommen, ein Dankgebet sprechen, geben wir ein Zeichen unserer Anerkennung und Aufnahmebereitschaft für materiellen Segen. Allerdings kommt uns das Danksagen schal und nutzlos vor, wenn wir tief im Inneren Geld verachten oder uns unwürdig fühlen, daß es uns in reichem Maße zur Verfügung steht. Doch wir haben nun die Chance, diese Blockierungen überhaupt zu erkennen und bewußt anzugehen. Wir können damit beginnen, sie aufzulösen und durch konstruktivere innere Einstellungen zu ersetzen.

Mit Dankbarkeit ziehen wir Wohlstand in jeder Form an. Segnen Sie Ihren Kontoauszug, selbst wenn er ein Minus zeigt. Immerhin haben Sie ein Bankkonto!

Wohlstand ist relativ. Mit Uriels Hilfe können wir wieder ein Gefühl dafür bekommen, wie reich wir im Grunde bereits in diesem Augenblick sind, und dafür, was wir wirklich brauchen – an Materiellem wie an Emotionalem und Spirituellem –, um uns wohl zu fühlen, glücklich und zufrieden zu sein. Uriel kann uns auch Wege zeigen, wie wir Geborgenheit und Sicherheit finden, ohne uns dafür hinter materiellen Gütern zu verstecken. Ebenso weist er den Weg, materielle Fülle mit geistiger Fülle zu verbinden, großzügig zu geben und und zu empfangen – und sich nicht dafür zu schämen, auch Geld und Wohlstand zu lieben.

Kraftlinien erspüren – eine Übung

Auf der Erde gibt es Orte der Kraft, wo sich magnetische Linien kreuzen und kosmisches Licht einströmt. Pflanzen, Tiere und auch wir Menschen reagieren empfindlich auf diese besonderen Erdzonen. Auf vielen dieser Plätze wurden Tempel und Kirchen erbaut, um die Kraft für religiöse Rituale zu nutzen. Selbst wenn dieses geomantische Wissen den meisten Menschen nicht mehr präsent ist, sind die Kraftpunkte meist auch heute noch in den Bauwerken lebendig. Es bedarf nur ein wenig Übung, um sie aufzuspüren und sich dort mit Energie aufzutanken.

Sensibilisieren Sie sich für das Erdelement und seine spirituelle Kraft, indem Sie ganz bedacht eine alte Kirche betreten. Was hat Sie an dieser Kirche angezogen? Spüren Sie eine Veränderung, wenn Sie durch die Kirchentür schreiten? Oder an einer anderen Stelle im Gebäude?

Erwarten Sie jedoch auf einem ersten Rundgang an einem Ort der Kraft nicht zuviel von sich selbst.

Setzen Sie sich, und nehmen Sie die Atmosphäre in sich auf. Sie befinden sich in einem Gebäude, das wahrscheinlich über einem mächtigen Energiewirbel erbaut wurde und das zusätzlich durch die Gottesdienste und die Gebete der Besucher mit einer hohen Schwingung aufgeladen wurde.

Spüren Sie einfach nur hinein, und beobachten Sie auch, ob Ihr Körper in irgendeiner Weise reagiert. Können Sie sich entspannen, oder beginnen Sie zu frieren? Kribbelt es in Ihren Fußsohlen oder Handflächen?

Wie wirkt das Gebäude auf Ihre Stimmung? Fühlen Sie sich gesammelt und klar, oder bedrückt Sie diese Umgebung?

Kirchen sind ideal, um die Achtsamkeit für erdmagnetische Einflüsse wieder zu stärken. Und in der

freien Natur finden Sie selbstverständlich besondere Kraftplätze. Vor allem große alte Bäume markieren solche heiligen Orte der Erde.
Bitten Sie Uriel, Sie zu unterweisen und Ihr gutes Gespür zu trainieren. Eine meditative, ruhige Beschäftigung mit den berühmten wie verborgenen Orten der Kraft ist eine schöne Form, das Erdelement zu ehren und in sich selbst zu stärken.

*Fürbitten heißt:
jemandem einen Engel
senden.*

Martin Luther

Der Erzengel Uriel ist Ihr Helfer

- um sich im Leben zurechtzufinden
- um gewinnbringend zu arbeiten
- bei Heilbehandlungen mit Hilfe von Kristallen
- um sich ein behagliches Heim zu schaffen
- um einen Garten anzulegen und zu pflegen
- um Licht in eine dunkle Angelegenheit zu bringen
- wenn Sie Mut brauchen, um eine Idee zu verwirklichen
- um Ihre Kräfte gut einzuteilen
- beim Aufstellen von Kostenplänen
- um seinen Platz in einem neuen Wirkungskreis zu finden
- um Geborgenheit zu finden
- bei Geldangelegenheiten
- um die geeignete Bach-Blütenessenz auszuwählen
- um Blüten- oder Kristallessenzen selbst herzustellen

- für einen gesunden, aufbauenden Umgang mit Sonnenlicht
- bei Depressionen und Weltschmerz
- um sich in der Natur zu regenerieren
- um ein Haustier zu pflegen
- um sein Herz in Gold zu verwandeln
- um in Schlaf-, Wohn- und Arbeitsräumen Störzonen zu entschärfen
- um Heilkräuter wirkungsvoll einzusetzen
- bei jeder Beschäftigung mit Naturheilverfahren
- um daheim mit Hilfe von wohlplazierten Kristallen ein Kraftfeld aufzubauen
- um einen Segen über frisch Ausgesätes zu sprechen

Uriels Beistand rufen Sie herbei, indem Sie seinen Namen in einem Gebet sprechen. Seine Energie fühlen Sie, wenn Sie sich liebevoll Pflanzen, Tieren oder der Erde zuwenden oder einen Regenbogen visualisieren, um eine geistige Brücke zu Uriels Engelsmacht zu bauen.

IC

Engelsegen

Die Engel sind tatsächlich überall, und wir Menschen stehen in einer engen Wechselbeziehung mit ihnen. Einerseits behüten uns die Engel und schenken uns lichtvolle Inspirationen, und andererseits unterstützen wir Menschen das Werk der Engel durch unsere Lebensfreude und durch die Achtung und Liebe, die wir allen Ausdrucksformen der Schöpfung entgegenbringen. Wir reflektieren das Licht, das die Engel zu

Lobet den Herrn, ihr,
seine Engel,
ihr starken Helden, die ihr
seinen Befehl ausrichtet,
daß man höre auf die Stimme
seines Worts!

Psalm 103, 20

uns auf die Erde leiten, und wir verankern es in dieser Welt durch unsere Taten der Liebe, der Toleranz und des Mitgefühls.

Wir können den Engeln auf einem Spaziergang durch den Wald begegnen, in glitzernden Schneeflocken, in den Sonnenstrahlen, in den Straßen unserer Stadt. Sie durchziehen unsere Träume und führen unsere Hand bei der Arbeit. Sie sind anwesend, wenn wir eine Idee umsetzen oder uns liebevoll um ein Kind oder ein hilfsbedürftiges Wesen kümmern. Sie sind da, wenn wir einen Konflikt austragen oder Schmerzen leiden – oder wenn wir einfach nur auf unsere Weise durchs Leben gehen.

Engel und Menschen wachsen aneinander und miteinander, indem beide das Licht schneller pulsieren und heller strahlen lassen – so lange, bis alles wieder Licht ist und nichts getrennt voreinander existiert.

Die Schule der Erzengel

In verschiedenen Phasen des Lebens kommt meist eines der höheren Engelwesen einem Menschen besonders nahe und durchdringt mit seiner Energie dessen Lebenswelt.

Es kann beispielsweise sein, daß der Erzengel Michael Sie während einer Zeit der Loslösung aus alten Strukturen unterstützt und inspiriert. Seine feurige Kraft rettet Sie dann davor, aufzugeben, und sie erleichtert es Ihnen, den Schritt in die Unabhängigkeit zu wagen. Michael wirkt eventuell mehrere Monate oder auch mehrere Jahre lang für Sie als eine Art Schutzpatron. Er fügt während dieser Phase persönlichen Wachstums den Inspirationen Ihres Schutzengels besondere Impulse hinzu.
Ein Erzengel überschaut größere Lebenszusammenhänge und Entwicklungsmuster. Sie bekommen durch die Präsenz eines Erzengels in Ihrem Leben eine wichtige Chance, neue Bereiche Ihres Seins kennenzulernen und an Einsicht zu gewinnen.

Auf sein Herz hören und die Engel verstehen

Die Tatsache, daß wir Menschen an Engel denken und ihr Wirken auf unterschiedlichsten Wegen erfahren, bedeutet, daß eine Brücke zwischen beiden Sphären existiert. Es ist das geistige Licht, der gött-

liche Funke in uns, der diese Verbindung schafft. Jeder Mensch hat durch seine Seele an dem Licht teil, von dem die Engelsphäre erfüllt ist.

Eine intensive Beschäftigung mit den Engeln ist also eine wunderbare Gelegenheit, sich seines eigenen Lichts bewußt zu werden und es deutlicher zu sehen. Mit den Engeln zu sprechen heißt auch, sich des Himmels in einem selbst gewahr zu werden.

Auf der Erde bringen wir unser Licht – unsere Persönlichkeit und Einzigartigkeit – zum Strahlen, wenn wir aus dem Herzen leben. Mitgefühl und Liebe sind die Sprache des Herzens und der Seele wie auch die Sprache der Engel, die ganz auf

Welcher Erzengel begleitet mich?

Während der Lektüre dieses Buches haben Sie sich wahrscheinlich wieder mit Ihrem Schutzengel, den himmlischen Helfern, vertraut gemacht. Wenn Sie nun das Bedürfnis haben, sich mit dem Element, das gerade Ihr Leben bestimmt, bewußter zu beschäftigen, wird Ihnen der dazugehörige Erzengel Wege des Lernens und Erkennens öffnen.

Suchen Sie sich einen ruhigen Platz, um sich auf die Erzengel-Energien einzustimmen. Atmen Sie ein paarmal tief ein und aus, und konzentrieren Sie sich dann auf Ihr Herz. Bitten Sie still in Gedanken oder auch laut darum, mit dem Erzengel, der Ihnen in diesem Moment besonders eng zur Seite steht, nun in Verbindung zu treten. Wandern Sie nach einer Weile in der Vorstellung vom Herzen hinauf zu Ihrem Scheitelpunkt und über den Kopf zu Ihrem Rücken. Haben Sie das Gefühl, daß hinter Ihnen eine besondere Kraft steht? Sehen Sie etwas hinter Ihrem Rücken, oder bekommen Sie den Eindruck, daß eine feine Energie Sie umhüllt? Wird Ihnen womöglich eine verbale Botschaft oder ein Bild übermittelt?

Vielleicht fällt es Ihnen am leichtesten, die Energie des Engels in Farben auszudrücken. Es gibt sehr viele Möglichkeiten des Kontakts. Lassen Sie sich Zeit.
Versuchen Sie, selbst vage Eindrücke in Worte zu fassen, so daß Sie sie später aufschreiben können.
Denken Sie an die vier Erzengel der Elemente:

- Steht Ihnen die rote, dynamische Kraft von Michael und dem Feuerelement am nächsten?
- Fühlen Sie sich von der Gefühlstiefe des Elements Wasser, das Gabriel regiert, inspiriert?
- Erspüren Sie die beschwingte, schnelle Energie Raphaels, der im Luftelement herrscht?
- Kommen Sie mit der erdenden, tröstlichen Kraft, die von Uriel ausgeht, in Kontakt? Oder sehen Sie einen Regenbogen oder ein goldenes Licht, das Himmel und Erde verbindet?

Gehen Sie anschließend zurück in Ihr Alltagsbewußtsein, und notieren Sie Ihre Eindrücke. Es kann auch sein, daß eine ganz andere hohe Engelsmacht im Augenblick zusammen mit Ihrem Schutzengel Ihre Geschicke behütet und lenkt.
Sie werden intuitiv die richtige Form finden, mit den himmlischen Helfern zu kommunizieren, und Ihr Leben auf diese Weise bereichern.

Zuwendung und Fürsorge konzentriert sind und uns darin unterstützen, mit Hingabe zu leben. Wir sind so etwas wie ihr verlängerter Arm auf Erden.
Menschen und Engel haben also sehr viel gemeinsam, und dennoch müssen beide auf ihre Weise tätig werden.
Die Engel kennen keine physischen Begrenzungen und körperlichen Nöte. Aus ihrer höheren Perspektive ermuntern sie jeden dazu, sich selbst treu zu sein und dabei zu wachsen, offen zu bleiben und Furcht zu überwinden. Die Engel machen uns auf die Chancen, die jedem auf Erden geboten werden, aufmerksam. Wir sollen sie bestmöglich nutzen – für unser eigenes Wachstum und das der Welt.
Doch um auf der Erde überleben zu können, brauchen wir Menschen auch die Angst. Sie warnt vor Gefahren und ist ein Schutzmechanismus des Körpers. So sind Angstempfindungen, wie alle anderen Gefühle, stets mit einer körperlichen Reaktion, hier einem Zusammenziehen, verbunden, und wir erkennen auf diese Weise sehr schnell, daß etwas nicht stimmt.
In Streßsituationen oder aufreibenden Lebensphasen fällt es uns Menschen aber meist schwer, der Angst

ihren angemessenen Platz zuzuweisen. Wir können uns dann nicht so schnell von unseren Befürchtungen wieder lösen, und wir vergessen, auf das eigene Herz zu hören, das immer nach Verbindung und Ausgleich strebt. Wir werden dann wankelmütig und zweifeln schnell. Und selbst wenn wir die besten Vorsätze hegen, werden wir uns nicht immer von unserer engelhaften Seite zeigen. Wir Menschen können in unserem Alltag nicht ununterbrochen aus der Herzenergie heraus leben. Aus Angst sehen wir beispielsweise in anderen Gegner, lassen uns zuweilen von Sorgen bedrücken und von unserem Weg ablenken. Das ist nur zu menschlich.

Die Engel hingegen, die keinen Körper haben, kennen so „niedere" Emotionen wie Angst nicht. Sie können sich ausschließlich auf die Liebe konzentrieren und ihr Bewußtsein beständig auf dieser hohen geistigen Ebene halten. Die Engel bleiben stets auf die Liebesschwingung konzentriert und ermüden nicht dabei, einem Lebewesen liebevolle Zuwendung zu schenken und beständig für das Wohl der Schöpfung tätig zu sein.

Die Engel sind unsere „großen Geschwister" aus den höheren, lichtvollen Ebenen geistigen Lebens. Sie

können uns lehren, immer wieder die Liebe in den Mittelpunkt unseres Lebens zu stellen und sich von neuem an ihr zu orientieren. Die Liebe soll der Maßstab sein, denn letztlich zählt nur sie.
Für uns Menschen sind die Engel auch ein Ansporn, uns an die Grenzenlosigkeit des Geistes und die Verbundenheit allen Seins zu erinnern. Wir brauchen die Engel in unserem Leben, damit sie uns trösten und uns helfen, den Weg zur Lebensfreude wiederzufinden, wenn wir uns wegen eines Leids verirrt haben. Die Engel halten für uns das Netz der Liebe aufgespannt. Wir können jederzeit darauf vertrauen.
Je mehr wir auf unser Herz hören, desto besser sind wir in der Lage, die Engel zu verstehen. Wir heben unsere Schwingung an, wenn die Weisheit des Herzens fließt. Wir erreichen dann die hohe Frequenz der Engel. Das geschieht vor allem durch das Danken. Auf diese Weise rücken schließlich Engel und Menschen einander immer näher und arbeiten Hand in Hand.

Überall in der Welt
existieren großartige Engel,
die alles tun, um uns
in diesem Moment zu helfen.
Seien Sie ein Engel.
Machen Sie mit.

Karen Goldman

Bote des Lichts – eine Meditation

Entspannen Sie sich. Kommen Sie zur Ruhe, und atmen Sie langsam ein und aus. Lenken Sie Ihre Aufmerksamkeit in Ihr Herz, und bitten Sie darum, daß es sich für die sanfte, liebevolle Energie der Engel öffnet.

Begrüßen Sie die Engel an Ihrer Seite, und danken Sie ihnen für ihre Präsenz.

Dann bitten Sie darum, mit dem Engelwesen, das noch über den Erzengeln der Elemente steht, Kontakt aufzunehmen. Sein Name ist Metatron, und er ist der machtvolle Engel, der den gesamten Planeten Erde behütet.

Stellen Sie sich einen großen grünen Smaragd vor – so groß wie ein Haus. Der Edelstein ist durchsichtig und strahlt ein sanftes grünes Licht aus.

Das Licht des Smaragds erinnert an einen frischen grünen Wald, unter dessen Blätterdach Sie spazierengehen. Der Smaragd läßt Sie an klares grünblaues Wasser eines exotischen Strands denken, das seinen Glanz durch ein inneres Feuer erhält.

Stellen Sie sich vor, daß Sie nun in diesen wunderschönen Smaragd eintreten wie in ein Haus … Sie gelangen in einen weiten, hohen Raum, der in dem sanften, lebendigen Grün leuchtet. Sie fühlen sich aufgehoben und sicher … Das schimmernde grüne Licht durchdringt Sie auf behutsame Weise. Es stärkt und erhebt Sie, und Sie wissen plötzlich, daß hier in diesem Raum eine Botschaft des Engels Metatron auf Sie wartet …

Bitten Sie darum, daß Ihnen Metatrons Botschaft jetzt überbracht wird, und lassen Sie sich Zeit, die Botschaft entgegenzunehmen … Was ist es? Ein Wort, ein Symbol, ein Gefühl, ein Gegenstand, ein Mensch oder etwas anderes? Beschäftigen Sie sich mit dieser Botschaft. Lassen Sie sie in aller Ruhe auf sich wirken. Sie haben dazu viel Zeit …

Wenn Sie soweit sind, danken Sie Metatron für das Zeichen, das er Ihnen gegeben hat. Treten Sie nun langsam aus der Smaragdhalle heraus, und kehren Sie in Ihre Alltagswelt zurück.

Vielleicht haben Sie anschließend das Bedürfnis, Ihre Eindrücke aufzuschreiben oder zu malen. Es kann sein, daß Ihnen das Zeichen, das Sie bekommen haben, banal erscheint oder zu verrückt, um es deuten zu können. Halten Sie Ihre Vision trotzdem in irgendeiner Form fest. Möglicherweise erkennen Sie später ganz spontan, was es damit auf sich hat. Nehmen Sie die Botschaft nachts in Ihre Träume, oder nehmen Sie sie in Ihre Meditation. Vielleicht erhalten Sie auf kuriosen Wegen noch eine Erklärung – etwa durch einen jener berühmten „Zufälle".

Kristalle, in denen das Licht tanzt, sind immer eine wunderschöne Brücke zur Engelwelt. Nutzen Sie auch diese Möglichkeit, sich der Engel zu erinnern, mit Engeln zu sprechen und sie um Rat zu fragen.
Kristalle sind Lichtpforten zur geistigen Welt der Engel, die jeder öffnen kann.

Literatur

Adler, Gerhard: Erinnerung an die Engel. Wiederentdeckte Erfahrungen. Herder, Freiburg/Basel/Wien 1986.
Andrews, Ted: Mit Engelkräften göttliches Bewußtsein entfalten. Christliche Mysterien in neuem Licht. Bauer, Freiburg 1997.
Bandini, Pietro: Die Rückkehr der Engel. Von Schutzengeln, himmlischen Boten und der guten Kraft, die sie uns bringen. Scherz, Bern/München/Wien 1995.
Banzhaf, Hajo: Der Mensch in seinen Elementen. Feuer, Wasser, Luft und Erde. Eine ganzheitliche Charakterkunde. Hugendubel, München 1993.
Burnham, Sophy: Engel. Erfahrungen und Reflexionen. Goldmann, München 1995.
Cerny, Christine: Das Buch der Naturgeister. Von Elfen, Zwergen, Feen und anderen Elementarwesen. Goldmann, München 1997.
Daskalos: Esoterische Lehren. Die Botschaft des „Magus von Strovolos". Droemer Knaur, München 1991.
Davidson, Gustav: A Dictionary of Angels – Including the Fallen Angels. The Free Press, New York u.a. 1971.
Fröhlich, Anne Marie (Hrsg.): Engel. Texte aus der Weltliteratur. Manesse, Zürich 1991.
Gelder, Dora van: Im Reich der Naturgeister. Aquamarin, Grafing, 3. Aufl. 1995.
Giovetti, Paola: Engel – die unsichtbaren Helfer der Menschen. Heyne, München 1997.
Godwin, Malcolm: Engel. Eine bedrohte Art. Zweitausendeins, Frankfurt, 4. Aufl. 1995.
Goldman, Karen: Wenn Flügel dich berühren. Das kleine Engel-Brevier. Goldmann, München 1994.
Hauck, Rex (Hrsg.): Engel – die unsichtbaren Boten. Berichte und Interviews über Begegnungen der seelischen Art. dtv, München, 2. Aufl. 1996.
Howard, Michael: Finde deinen Schutzengel. Rituale mit Kerzen und Räucherwerk. Goldmann, München 1997.
Hulke, Waltraud-Maria: Erzengel – lichtvolle Helfer. Eine Einweihung in die Liebe und das Licht der Erzengel. Windpferd, Aitrang, 2. Aufl. 1997.
Huyser, Anneke: Die Bedeutung der Elemente in unserem Leben. Erde, Wasser, Feuer, Luft und Äther. Goldmann, München 1997.
Klein, Benjamin: Kennst Du Deinen Engel? Regiatrex, Ravensburg, 10. Aufl. 1997.
Maclean, Dorothy: Du kannst mit Engeln sprechen. Ein Wegweiser zu den Lichtwesen um uns. Heyne, München 1997.
Moolenburgh, H. C.: Engel als Beschützer und Helfer des Menschen. Hermann Bauer, Freiburg, 8. Aufl. 1997.
Newhouse, Flower A.: Engel und Devas. Aquamarin, Grafing, 2. Aufl. 1985.
Price, John Randolph: Engel-Kräfte. Ihr Zugang zu den 22 himmlischen Energieströmen. Goldmann, München 1997.

Schipperges, Heinrich: Die Welt der Engel bei Hildegard von Bingen. Herder, Freiburg/Basel/Wien 1995.
Snell, Joy: Der Dienst der Engel. Erlebnisse einer Krankenschwester an Kranken- und Sterbebetten. Turm, Bietigheim, 7. Aufl. 1994.
Stecher, Christine: Aus der Kraft der Sonne. Leben im Einklang mit dem Licht. Goldmann, München 1998.
Ströter-Bender, Jutta: Engel. Ihre Stimme, ihr Duft, ihr Gewand und ihr Tanz. Kreuz, Stuttgart 1988.
Taylor, Terry Lynn: Lichtvolle Wege zu deinem Engel. Übungen zur Kontaktaufnahme und Kommunikation mit Schutzgeistern. Goldmann, München 1993.
Taylor, Terry Lynn: Warum Engel fliegen können. Lichtvolle Kontakte mit unseren Schutzgeistern. Goldmann, München 1990.

Bildnachweis:

Vignetten oben: Artothek
AKG: 6/7, 13, 23, 28, 75, 87, 92, 126
Artothek: 5, 79; -/Bahnmüller: 20/21, 31; -/Bayer-Mitko: 39; -/Blauel: 1, 37; Blauel/Gnamm: 69; -/Christies: 63; -/Hinz: 40/41; -/Remmer: 57, 103; -/Schiller: 97; -/Westermann: 3 u.
Hansmann: 43, 53, 83, 112/113, 117
T. Stone/Gray: 18/19, 25, 26/27, 28/29, 58, 77, 89, 99, 124/125, 126; -/Studd: 4/5